AF358878

MAGASIN THÉATRAL.

Paris. — Imprimerie de Ve DONDEY-DUPRÉ, rue Saint-Louis, N° 46, au Marais.

MAGASIN THÉATRAL,

CHOIX DE PIÈCES NOUVELLES

JOUÉES SUR TOUS LES THÉATRES DE PARIS.

TOME DIX-HUITIÈME.

PARIS.

MARCHANT, LIBRAIRE-ÉDITEUR,

BOULEVART SAINT-MARTIN, N° 12.

1837

Les conclusions de ce drame ayant été diversement appréciées, j'avais résolu de donner quelques explications sur l'individualité de mon personnage principal. On lui a reproché de rappeler Pygmalion et le Tasse : ce ne sont point ces ressemblances que je voulais contester. Elles devaient exister dans ma pièce, puisque Rolla est un type sur lequel j'ai essayé de rassembler toutes les souffrances et toutes les joies qui peuvent se presser dans une existence d'artiste. Il ressemble à Pygmalion, au Tasse et à beaucoup d'autres : Corrége, par exemple, Torrégiano, André Chénier.

Mais ces figures héroïques, ces noms rayonnans appartiennent à tout le monde, et je ne vois dans aucune littérature un poète qui s'en soit à tout jamais emparé par l'autorité du génie. J'avais droit de leur emprunter tout ce qui pouvait mettre en saillie la physionomie de mon héros : comme Praxitèle fit poser devant lui toutes les femmes célèbres de la Grèce pour composer sa Vénus, je me suis servi de tous les artistes pour composer mon artiste. Il en est un cependant auquel je ne pouvais toucher : c'est celui qui a donné son nom à un drame joué naguère au Théâtre-Français, et dont la représentation n'a peut-être excité nulle part autant de sympathies que dans mon cœur. Celui-là appartient au poète qui l'a ressuscité, comme *Phèdre* appartient à Racine, *Cinna* à Corneille, *Othello* à Shakespeare. L'auteur du drame dont je veux parler est assurément un de ceux qu'on peut être fier d'imiter, et je me ferais gloire d'être son élève ; mais ici l'imitation aurait ressemblé de trop près au plagiat. Il m'a paru que je ne pouvais laisser passer sans réponse l'imputation qui tendait à faire considérer mon drame comme une réminiscence de *Chatterton* ; j'allais essayer d'indiquer les différences radicales qui existent entre les deux pièces, quand le *National* du 26 juin est arrivé sous mes yeux. Cette question y est traitée avec autant de précision que de sagacité, et les moindres nuances du caractère de Rolla y sont expliquées beaucoup mieux que je n'aurais pu faire. Je vais donc copier le journal, en remerciant l'ami inconnu qui m'épargne un travail difficile.

« Des critiques ont voulu réduire Rolla aux exigences de la raison exacte et du bon
» sens pratique. Rolla ne serait point dramatique à ces conditions-là, s'il n'avait pas
» l'ame troublée de ces mille susceptibilités, de toutes ces petites blessures douloureuses
» et irritables, qui saignent goutte à goutte, et intérieurement dans les hommes d'ima-
» gination, dans les grands artistes et dans les poètes. Rolla n'est point un fou de vanité
» et d'orgueil, comme on l'a dit ; il veut de la gloire ; cela est légitime ; mais il est ti-

» mide devant elle, mais il en a peur, et s'il dérobe ses travaux aux yeux de tous, c'est
» qu'il ne croit jamais avoir assez bien fait pour la mériter. Il n'y a que les amours-pro-
» pres comme on en voit tant et les vanités grossières qui se jettent brutalement en pâture
» aux premiers venus. Rolla ne ressemble pas non plus à Chatterton ; il n'en a point la
» mélancolie sans remède et l'intraitable désespoir. Rolla ne demande qu'à vivre, et il
» vend des statuettes au juif Salomon, ce que ne ferait pas Chatterton : Rolla travaille ;
» Chatterton reste immobile dans ses souffrances et son désespoir contemplatifs. Rolla
» ne brise point sa statue comme Chatterton brûle ses vers, par un pur accès d'exalta-
» tion désespérée ; Rolla sacrifie son œuvre à sa maîtresse, sa gloire à un sentiment de
» loyauté et de reconnaissance... Il n'y a pas enfin de pensée de suicide à côté de Rolla,
» et *le Chef-d'OEuvre Inconnu* ne contient pas le danger de cette fatale contagion. Rolla
» renaîtrait et revivrait volontiers pour souffrir encore et recommencer un chef-d'œuvre,
» si ses forces physiques n'étaient pas vaincues. »

Maintenant j'acquitte un devoir sacré de reconnaissance, en faisant hommage de mon succès aux admirables artistes qui l'ont assuré. Je ne veux point leur parler de leur talent : qu'est-ce que je leur dirais de nouveau ? Leurs noms sont écrits en tête de ma pièce : ce sont les premiers de notre première scène. J'aime mieux signaler à la reconnaissance sympathique de tous les jeunes gens l'empressement généreux qu'ils ont mis à accepter l'ambitieuse distribution d'un jeune homme qui se présentait à eux, pour la première fois, avec un drame de si petites proportions..... Ceci servira à faire apprécier leur cœur par tous ceux qui n'avaient encore apprécié que leur talent.

P. S. La pièce est imprimée telle que je l'ai écrite ; mais des coupures ont été jugées nécessaires à la représentation : ces coupures sont indiquées par des guillemets. Messieurs les directeurs de province qui monteront l'ouvrage sont invités à en profiter.

SCÈNE XVIII.

LE CHEF-D'OEUVRE INCONNU,

DRAME EN UN ACTE, EN PROSE,

Par M. Charles Lafont,

REPRÉSENTÉ POUR LA PREMIÈRE FOIS SUR LE THÉATRE-FRANÇAIS, LE SAMEDI 17 JUIN 1837.

PERSONNAGES.	*ACTEURS.*	*PERSONNAGES.*	*ACTEURS*
MAITRE MICHEL.	M. Joanny.	ASCANIO, parent de Rolla. . .	M. Mathien.
ROLLA , sculpteur.	M. Firmin.	UN PAGE.	M. Alexandre.
STEFANO, son frère. . . , . .	Mlle Anais Aubert.	UN CRIEUR.	M. Monlaur.
LÉONOR, aimée de Rolla. . . .	Mlle Noblet.		
LE MARQUIS APPIANI. . . .	M. Marius.		

Un Envoyé du Grand-Duc , Suite du marquis, la Nourrice de Léonor, Grands et Peuple de Florence.

MANOEL } parens de Rolla. { M. Colson.
TEBALDEO }   { M. Arsène.

A Florence, vers le milieu du seizième siècle.

Dans une petite maison près des ruines du palais de Lorenzo : l'atelier de Rolla. C'est une chambre vaste, très-éclairée ; ça et là des marbres, des plâtres, des fragmens de statues antiques et modernes. A droite, dans la muraille, un enfoncement auquel on arrive par une estrade de trois ou quatre marches. L'intérieur de cet enfoncement est caché par un grand rideau rouge ; au fond, une porte à deux battans ; une porte latérale ; à gauche, une table chargée de dessins. La porte du fond est au large ouverte et laisse voir une place et les principaux monumens de Florence.

SCENE PREMIERE.

ROLLA, *endormi sur l'estrade,* MANOEL, TEBALDEO, ASCANIO, *qui arrivent par le fond.*

MANOEL. Il dort.

ASCANIO. Paresseux !

MANOEL. Comme il est pâle!

ASCANIO. Et que ses traits sont fatigués ! il aura passé la nuit dans quelque débauche.

TEBALDEO. Tu le flattes : entre autres ridicules, le cousin Rolla possède au plus haut degré celui de la sagesse. Il est froid comme ce morceau de marbre.

ASCANIO, *riant.* Voilà une morale qui

ne convient guère aux graves conseillers d'une assemblée de famille.

MANOEL. Il travaillait peut-être.

TEBALDEO. Il ne travaille pas.

MANOEL. A quoi passe-t-il son temps?

TEBALDEO. A mourir de faim.

MANOEL. Où est son frère, ce petit espiègle, pour lequel vous êtes si sévère, depuis qu'il a fait une caricature de votre majestueuse personne?...

TEBALDEO. Croyez-vous qu'il vous ait épargné?

MANOEL, *riant*. Je sais qu'il ne respecte rien.

ASCANIO, *qui va et vient*. Messieurs, messieurs, miracle! j'ai découvert le secret de la nuit de Rolla. Il a fait des vers; reconnaissez-vous son écriture?

TEBALDEO. Rolla poète!

MANOEL. Pauvre garçon!

ASCANIO. C'est un sonnet à Masaccio.

MANOEL. Ce peintre florentin qui est mort à vingt-sept ans, vers le milieu du dernier siècle, et dont les tableaux ont eu la gloire d'inspirer Raphaël?

TEBALDEO [*]. Voyons la poésie de notre cousin-germain.

Il prend le papier et lit.

« Pâle Masaccio, ta mémoire m'est chère;
» Qui m'a donné pour toi cet amour fraternel?
» Je suis enfant de Gène et Florence est ta mère,
» Mais nos ames sont sœurs au séjour éternel :

» Comme toi, jeune encor, je quitterai la terre;
» Mais ton nom rayonnait d'un éclat immortel,
» Et moi, je m'éteindrai, laissant moins de lumière
» Que ces astres trompeurs qui descendent du ciel!

» L'amant qui voit périr sa maîtresse adorée,
» La mère, de sa fille à jamais séparée,
» Le père, renié par ses enfans ingrats,

» L'Exilé qui ne peut répondre aux calomnies,
» Tous ces infortunes souffrent moins d'agonies
» Que l'artiste qui passe et qu'on ne connaît pas!»

ASCANIO. Chut! il se réveille.

MANOEL. Pas encore.

ROLLA, *rêvant*. Michel-Ange! Michel-Ange! et moi aussi, je suis sculpteur! (*Les trois amis font un éclat de rire; Rolla se réveille.*) Qui êtes-vous? Que me voulez-vous [**]?

TEBALDEO. Nous venons baiser la poussière de tes pieds.

ASCANIO. Pardonne-nous d'avoir surpris les indiscrétions de ton sommeil!

MANOEL. Et le travail de tes insomnies!

ASCANIO. Tu es un grand poète!

MANOEL. Tu es un grand sculpteur!

TEBALDEO. Tu es un grand homme!

[**] Ascanio, Tebaldeo, Manoël.
[*] Rolla, Tebaldeo, Manoël, Ascanio.

ROLLA. De quel droit avez-vous violé ma demeure? Que venez-vous faire chez moi? troubler le sommeil d'un homme qui n'est pas heureux, c'est commettre un vol!

TEBALDEO. Comme tu reçois tes amis!

ROLLA. Je ne vous ai jamais donné ce nom.

TEBALDEO. Nieras-tu que nous soyons tes parens du côté de ta mère?

ROLLA. Parens de ma mère! mais vous l'aviez abandonnée et oubliée, et c'est à des étrangers que j'ai eu recours quand il m'a fallu trouver quelques oboles pour payer la terre de son tombeau!

MANOEL. Elle-même avait renoncé à sa famille en épousant un Génois et en changeant de patrie. Mais, quand ses enfans sont venus à Florence, à peu près dénués de tout, nous leur avons généreusement donné notre appui. Qu'as-tu fait cependant depuis une année? rien. Tu te repais de chimères. Tu te bâtis un avenir sur des songes. Tu es l'esclave de deux démons qui assiégent ta droite et ta gauche : la paresse et la vanité. Prends garde, tu n'es pas seul dans le monde; et ta mère t'a légué pour unique héritage l'éducation de son second fils!

TEBALDEO. Ne devrais-tu pas avoir honte de dormir quand le soleil est si haut sur l'horizon? Nous avons troublé ton sommeil? mais Florence est debout depuis deux heures. Prête l'oreille au bruit des travailleurs qui bourdonnent comme les abeilles dans leurs ruches, et rougis de ton oisiveté. Va, crois-moi, jette ton ciseau, brise ces instrumens inutiles. Ton art te donne à peine du pain; nous te trouverons un métier qui te fera riche.

ASCANIO. Jacopo Peruzzi, mon associé, va partir pour Venise et de là pour le Levant. Il lui faut un compagnon, un homme qui ait notre confiance. Fais le voyage avec lui; nous t'accorderons une part dans nos bénéfices.

ROLLA. Je te remercie, Ascanio; je ne veux pas être marchand.

MANOEL. Le comte Oloferno d'Aldabella, mon maître, a besoin d'un second intendant; te proposerai-je pour cette place?

ROLLA. Je te remercie, Manoël; je ne veux pas être valet.

TEBALDEO, *le prenant à part*. Je possède toute la confiance du seigneur François Campana, secrétaire intime du grand-duc; es-tu disposé à le servir sous mes ordres?

ROLLA. Je te remercie, Tebaldeo; je ne veux pas être espion.

ASCANIO. Laissons cet insensé rêveur. Allons nous occuper de ce que réclame l'intérêt de la famille.

Pendant ces dernières répliques, le fond du théâtre s'est peu à peu rempli de monde; là foule est groupée autour d'un crieur qui s'arrête au milieu de la place.

TEBALDEO. Qu'y a-t-il sur cette place?

MANOEL. Un crieur appartenant au grand-duc.

Rolla tressaille et prête l'oreille.

LE CRIEUR. « Au nom de son Altesse monseigneur Côme de Médicis, premier grand-duc de Florence, le concours que nous avons créé pour l'exécution d'une statue de sainte Cécile, destinée au maître-autel de la chapelle du palais Pitti, sera fermé aujourd'hui à quatre heures. Voulant donner à ce concours une majesté qui laisse de longs souvenirs en Italie, nous avons convié Michel-Ange Buonarotti à venir prendre place parmi les juges. Le vainqueur sera proclamé au bruit du canon de la citadelle. Il sera conduit en triomphe jusqu'au pied du grand escalier de notre palais, où madame Éléonore de Tolède, notre épouse, le couronnera du laurier d'or. »

Des applaudissemens et des vivat éclatent dans la foule qui se retire avec le crieur.

TEBALDEO. Eh bien! Rolla, tu étais prévenu de ce concours, on en a bien assez parlé! C'était une belle occasion de te produire. Puisque tu n'es bon à rien, comment n'as-tu pas fait un chef-d'œuvre?

ASCANIO. Tiens, regarde ce rideau rouge; je parie qu'il y a une sainte Cécile là-dessous.

TEBALDEO. Qu'il se dépêche de la faire partir; c'est aujourd'hui que le concours se ferme! Voyons.

ROLLA, *se jetant au-devant d'eux.* Sur mon ame, mes chers parens, vous m'avez assez outragé. J'ai fait preuve d'une patience surhumaine. Mais pas un mot de plus, pas un pas de plus! ou ceci finira mal, tenez, je vous en avertis!

ASCANIO. « Tu ne veux pas nous faire voir ton ouvrage?

ROLLA. « Je ne veux pas vous servir de risée!

TEBALDEO. « Rolla se méfie de nos éloges.

ROLLA. « Rolla se fatigue de vos insultes! »

TEBALDEO. Mais, pardieu, c'est de la

menace. Il ne se vantera pas de m'avoir fait reculer. Allons, messieurs!

ROLLA. Misérables!

Il prend son marteau de sculpteur et le lève sur Tebaldeo, qui est le plus avancé des trois; Stefano entre et se jette entre eux.

SCENE II.

ROLLA, STEFANO, TEBALDEO, MANOEL, ASCANIO.

STEFANO. Hé, là, là, qu'y-a-t-il? quelle est cette querelle? c'est vous, mon cousin Tebaldeo; je ne m'étonne plus de rien. Vous aurez donc toujours les mêmes compagnons, le trouble, l'insulte, la violence?

TEBALDEO. Allons, paix, petite moitié d'homme, à peine sortie du berceau!

STEFANO. Rougissez donc, vous qui avez de la barbe, de recevoir des leçons d'un enfant... Oh! ne me regardez pas avec ces yeux terribles, mon cousin!... vous imaginez-vous que vous me faites peur?.. Ce n'est pas Rolla qui vous a provoqué, j'en suis sûr.... pourquoi venez-vous le chercher? Tenez, messieurs, restons chacun chez nous; à cette condition seulement, le bon accord règnera dans la famille.

MANOEL. Stefano, ton amitié pour ton frère est l'excuse de tes paroles; mais ne détruis pas de gaîté de cœur l'intérêt que ton âge inspire... Qui peut justifier sa violence?

STEFANO. Qui peut justifier la vôtre?... quel droit avez vous à lui arracher ses secrets?

ASCANIO. Hé! Manoël, espérez-vous que l'un reconnaîtra les fautes de l'autre?... leur intérêt est de se soutenir.

TEBALDEO. Et notre devoir est de ne pas souffrir que Rolla fasse partager plus long-temps sa misère à un enfant qu'il perdrait comme il s'est perdu!..... le barigel lui donnera un nouveau tuteur.

STEFANO. Vous voulez me séparer de mon frère?

TEBALDEO. Dès ce moment tu peux t'y préparer.

Ascanio et Tebaldeo sortent.

SCENE III.

ROLLA, STEFANO, MANOEL.

STEFANO. Nous séparer, Rolla! qu'ils soient maudits pour avoir eu seulement cette pensée!

ROLLA. Ne crains rien...

MANOEL. Je les empêcherai d'en venir à cette extrémité... je suis touché de l'amitié que vous avez l'un pour l'autre ; la résolution de Rolla me paraît inflexible, je ne la combattrai plus... je veux essayer de lui procurer du travail... Un des amis de mon maître, le marquis Appiani, est à la veille de se marier ; il a fait faire les dessins d'une villa, qu'il compte offrir à sa femme en cadeau de noces, et Julio Bramante sera chargé de les exécuter... on lui parlera de Rolla.

STEFANO. C'est dans une villa des environs de Gênes que mon frère a taillé pour la première fois la pierre et le marbre ; le sénateur Andrea Costa nous avait pris en amitié ; s'il n'avait pas été forcé de s'exiler de Gênes pour je ne sais quelle conspiration qu'on n'a pas prouvée, Rolla n'aurait jamais manqué d'appui ni de travail ; nous n'aurions pas quitté notre patrie.

MANOEL. Vous connaissiez le sénateur Andrea Costa ?

STEFANO. Si nous le connaissions ! et sa fille donc, sa fille ! tu ne m'en parles jamais, Rolla ; c'est mal... tu es un ingrat de l'avoir oubliée, cette compagne de mon enfance et de ta jeunesse ; ange pour son ame, madone pour sa beauté !

MANOEL. Mais le sénateur Andrea Costa est venu chercher un asile à Florence ; c'est sa fille Léonor que le marquis va épouser.

STEFANO. Est-il possible !.. le père et la fille sont à Florence !.. et depuis quand ?

MANOEL. Depuis une année.

STEFANO. Depuis le même temps que nous... entends-tu, Rolla ?

ROLLA. Je le savais.

STEFANO. Et tu n'as pas été les voir ?

ROLLA. Non.

STEFANO. Et le jour de son mariage, en marchant à l'autel, la fiancée ne nous rencontrera pas sur son chemin, agenouillés, priant Dieu pour son mari et pour elle ?

ROLLA. Non.

MANOEL. On dirait que cette nouvelle te trouble ?

ROLLA. Moi !.. et par quelle raison ?... d'ailleurs, elle n'est pas sûre.

MANOEL. J'en répondrais cependant.

ROLLA. Elle n'est pas sûre, crois-moi !.. et quand même !..dois-je féliciter un homme qui m'a fait du bien, sur le mariage de sa fille avec le marquis Appiani ?

MANOEL. Le marquis est noble comme un prince, et riche comme un cardinal.... c'est un des favoris du grand-duc.

ROLLA. Dis qu'il en est le bâtard et qu'il

s'en vante , et, pour compléter son éloge, ajoute que Florence n'a pas encore oublié la mort prématurée de sa première femme*.

MANOEL. Tu l'accuserais d'un crime?

ROLLA. Il y a d'autres armes que le fer et le poison !.. je l'accuse de toutes les violences auxquelles peuvent conduire un caractère plein de jalousie et la certitude de l'impunité.

MANOEL. «Ceux qui sont relégués comme nous sur les degrés inférieurs de l'échelle humaine ne gagnent rien à se mêler des intérêts et des passions qui s'agitent au-dessus de leurs têtes... Florence n'est plus une république ; le grand-duc veut entourer son pouvoir, jeune encore, d'un voile de respect et de terreur... veille sur tes discours. En somme, le marquis Appiani aime et protége les arts ; je te ferai recommander à lui.»

ROLLA. « Ecoute : j'aimerais mieux mourir faute d'un verre d'eau que de le devoir à sa protection... Laisse-moi le soin de mes affaires... et reçois cependant mes remerciemens pour tes bonnes intentions. »

MANOEL. Adieu, Rolla, je te plains... retiens ma prophétie : Ton inflexible orgueil te fera perdre ton dernier ami.

Il sort.

❦❦❦❦❦❦❦❦❦❦❦❦❦❦❦❦❦❦❦❦❦❦❦❦❦❦❦❦❦

SCENE IV.

STEFANO, ROLLA.

STEFANO. De l'orgueil !.. parce qu'on ne leur demande rien.

ROLLA. Pourquoi m'avais - tu quitté, frère ? tu les aurais retenus à cette porte, tu aurais défendu mon sommeil.

STEFANO. Dam ! j'étais allé aux provisions.

ROLLA. Je n'ai pas faim.

STEFANO, *à part.* Ça se trouve à merveille. (*Haut.*) Alors, va te reposer ; Dieu te renverra les songes qui ont été interrompus par cette touchante scène de famille.

ROLLA. Je n'ai plus sommeil.

STEFANO. Et pourtant, tu as travaillé toute la nuit... Ménage tes forces, je t'en supplie : pour toi d'abord, et aussi pour moi !.. Nos chers cousins qui t'accusent de perdre ton temps... le moment est bien choisi pour te faire ce reproche... ils n'ont donc pas regardé ton visage pâle de fatigue, amaigri par les veilles ?.. Ah ! si tu ne m'avais pas défendu de parler de tes travaux ! j'aurais commencé par leur dire que,

---

* Rolla, Manoël, Stefano près de la table.

depuis notre arrivée à Florence, tu as gagné plus de cent ducats en sculptant des statuettes, que je suis encore obligé de vendre pour le tiers de ce qu'elles valent à ce vieux juif de Salomon Dorcas, le marchand de curiosités.

ROLLA. Il garde mon secret, du moins!.. personne ne me croit l'auteur de ces petits ouvrages?

STEFANO. Personne! Et ce rideau qu'ils voulaient soulever... la prétention est un peu forte.... moi qui suis ton frère, et le confident naturel de toutes tes pensées, je ne sais même pas ce qu'il cache... c'est une statue, je le présume; j'en ai vu apporter le marbre, qui était assez beau, et qui a coûté assez cher; mais tu n'y as pas donné un coup de ciseau devant moi; tu travailles seul, après avoir fermé toutes les portes, comme un alchimiste qui prépare des poisons... Ce n'est pas un reproche que je te fais; mais enfin quelle est cette statue?... une sainte ou une vierge? un prophète ou un martyr?.. Tu ne me l'as pas dit... je croyais que c'était une Sainte-Cécile, et Dieu sait quels palais de fées j'avais bâtis sur cette espérance... Hélas! c'est aujourd'hui que le concours se ferme, et ton ouvrage n'est pas encore dévoilé.

ROLLA, *qui a été prendre une petite statue dans un coin.* Va chez Salomon Dorcas, et propose-lui cette statuette.

STEFANO. Ah! quelle surprise... C'est le résultat de ton travail nocturne. Ma foi, je ne voulais pas te le dire, mais depuis un temps le marbre te faisait négliger le bois; nous n'avions plus de crédit chez personne et pas un Paul dans notre bourse... Gloire à ton ciseau! voilà de quoi vivre pour quinze jours.

ROLLA. Avec de l'économie.

STEFANO. Est-ce que tu as à te plaindre de ton intendant?.. C'est un Saint-Pierre!.. Dieu, les jolies petites clefs!.. Tout ce qui sort de tes mains est d'une grâce achevée! Tiens, Rolla, te souviens-tu des sculptures gothiques qui ornent le chœur de Notre-Dame à Gènes?.. on dirait que ton Saint-Pierre en a fait partie!

ROLLA. J'ai voulu les imiter.

STEFANO. Ah! si tu avais envoyé une statue à ce concours!.. Tu te méfies encore de toi, c'est un grand malheur... Quelle occasion tu as manquée!... tout mon sang qu'on t'aurait donné la couronne!

ROLLA. Allons, pars, ne me parle plus de ce concours, entends-tu?.. laisse-moi.

STEFANO, *à part.* Impossible de rien apprendre... (*Haut.*) Je cours chez Salomon, et je reviens.

ROLLA. C'est inutile; garde l'argent qu'on te donnera du Saint-Pierre, et passe la journée chez ton maître; travaille.

STEFANO. Tu jugeras bientôt de mes progrès... A propos, tu sais que je ne fais plus de caricatures?.. j'ai remporté là une belle victoire sur moi-même... Adieu.... (*A part, en sortant par le fond.*) Toujours seul... qu'est-ce que cela signifie?

Il sort; Rolla va fermer la porte derrière lui.

SCENE V.
ROLLA, *seul.*

Ce concours!.. et lui aussi qui vient m'en parler.... Sans doute c'est une belle occasion qui m'échappe; mais je ne suis pas maître de mon œuvre... D'ailleurs, je l'ai manquée... ce bras, ce bras maudit!.. Voilà une journée qui commence bien mal... ce soir, un homme sera heureux dans Florence!... celui qui, de l'assentiment de Michel-Ange, se verra proclamer vainqueur..... et moi!.. Rolla, point d'envie... Il y a des artistes que la fatalité condamne à se débattre éternellement contre l'obscurité et le malheur; tu es peut-être un de ces artistes!.. Il y a des insensés qui prennent pour la vocation du génie le dégoût de l'humble métier de leur père, pour l'amour de la gloire l'ambition d'une haute fortune; tu es peut-être un de ces insensés! En tout cas, Stefano avait raison, je doute de moi; mauvais signe..... la confiance est la première condition du succès... Ah! rêves enflammés de ma jeunesse, démons inspirateurs qui m'avez dit : Lève-toi, et marche!.. fièvre de travail, fièvre d'avenir, fièvre de gloire, m'avez-vous ou ne m'avez-vous pas trompé?

Il s'assied et rêve; la porte de droite s'ouvre brusquement; entrent deux femmes cachées dans leurs voiles et leurs manteaux; Rolla court au devant d'elles.

SCENE VI.
LÉONOR, ROLLA, LA NOURRICE DE LÉONOR.

LÉONOR. Ah! Rolla! Rolla!...

ROLLA. Vous Léonor!... c'est vous!... enfin!...

LÉONOR. Écoutez!... Entendez-vous des pas qui s'éloignent?...

ROLLA. Non...

LÉONOR, *à sa nourrice.* Va, Ginevra, veille à cette porte. Prends garde!

La nourrice se retire et la porte reste entr'ouverte.

ROLLA. Que s'est-il passé? Un mois sans vous voir! Un siècle!...

LÉONOR. Mon père était souffrant. J'étais enchaînée à son chevet de douleur. Tout-à-l'heure, en traversant cette rue ordinairement déserte et qui est tout encombrée des ruines du palais de Lorenzo, il m'a semblé qu'une ombre se levait sur mon passage...

ROLLA. Pourquoi vous épier? comment vous reconnaître! Que peut-il y avoir de commun entre l'héritière d'une si noble famille et un misérable artiste sans nom? Rassurez-vous.

LÉONOR. Depuis notre dernière entrevue, j'ai conçu des craintes qui se représentent maintenant à mon esprit. Mon père semble gêné en ma présence... Il me cache un secret, un soupçon peut-être!... Ah! s'il était instruit!...

ROLLA. Vous seriez perdue, n'est-ce pas?

LÉONOR. Hélas!

ROLLA. Pourquoi revenir alors? pourquoi vous obstiner à ce dangereux amour? Il est possible, après tout, que votre père vous soupçonne et vous ait fait suivre. L'ombre qui s'est levée sur votre passage, c'est votre ange gardien qui vous annonçait une tempête! Nous ne sommes plus à Gènes, je le sais; le vent de l'exil a dispersé çà et là les membres de votre famille et les débris de votre fortune; mais les préjugés de race nous séparent encore: ce serait folie de l'oublier! A quelque réputation que je parvienne, je ne fléchirai jamais l'orgueil d'un patricien génois, qui compte trois doges parmi ses ancêtres! Rolla peut se faire un nom; mais des titres! et qu'est-ce que je dis, un nom? Je n'avance pas, vous le voyez; je suis toujours le même ouvrier, pauvre, inconnu, farouche. Ah! tandis qu'il en est temps, séparez votre destinée de la mienne; je vous rendrai, ô ma fiancée, l'anneau que nous échangeâmes dans un fol espoir. Laissez-moi seul; oubliez-moi.

LÉONOR. Vous souffrez, Rolla?

ROLLA. Oui: j'ai ma fierté de tailleur de pierre. C'est une insupportable douleur pour moi de vous voir malheureuse de mon amour!

LÉONOR. Qu'ai-je fait pour vous donner cette pensée? J'exprime devant vous une inquiétude; rien de plus. Vous êtes bien plus cruel, vous qui cherchez à briser toutes mes espérances! Mon père ne consentira jamais à notre union? J'ai plus de confiance que vous dans sa bonté, dans sa justice. Ce n'est plus le sénateur Andrea Costa, qui avait trois palais dans Gènes, dix vaisseaux sur la mer, des richesses immenses... c'est un vieillard pauvre et proscrit. Vous êtes plus riche que lui, Rolla; vous avez l'avenir!

ROLLA. Eh bien! je vous dirai tout, dussiez-vous me trouver plus cruel encore. Votre père vous cache un secret; vous ne vous êtes pas trompée. Ce secret, je vais vous l'apprendre: il veut vous marier, Léonor; le mari qu'il vous donne est le marquis Appiani.

LÉONOR. Ciel!...

ROLLA. C'est la nouvelle de Florence, et ce choix est approuvé: le marquis est noble, riche, favori du grand-duc! Tout-à-l'heure on me le répétait encore. Ah! je l'aurais deviné à la haine qu'il m'inspire sans que je le connaisse: ce projet de mariage n'est que trop certain!

LÉONOR. Appiani!... en effet, il vient souvent chez mon père, et malgré notre disgrâce... Mais, folle que je suis!... il est fiancé depuis une année à l'une des filles du prince Colonne!

ROLLA. Est-il vrai?

LÉONOR. J'en suis sûre. Et d'ailleurs qu'importe? Mon pere a bien le pouvoir de me refuser à celui que j'aime; mais il n'aurait pas la cruauté de me forcer à devenir l'épouse d'un autre! et moi, Rolla, moi-même, est-ce que j'y consentirais? Ah! quoi qu'il arrive, vous ou le cloître; je vous en fais le serment! quoi qu'il arrive, ne me plaignez jamais de vous avoir connu! notre amour est pur, j'en parlerai à Dieu sans rougir! et quand le bruit que vous ferez dans le monde arrivera jusqu'à ma retraite, quand j'entendrai vanter vos ouvrages et glorifier votre nom, je me dirai avec orgueil: C'est moi qui l'ai compris la première, et je suis la première femme qu'il ait aimée!

ROLLA. Oui, la première! la seule!... Ah! Léonor, Léonor, soyez bénie. Vous êtes la voix qui m'inspire et qui me console. Aujourd'hui, plus que jamais, j'avais le cœur plein de découragement et d'amertume; vous avez paru, et tout est changé. Ah! je ne sais ce que l'avenir me garde; mais je suis aimé de vous! aimé de Léonor!... je dois réussir!...

LÉONOR. Où en est la Sainte-Cécile?

ROLLA. J'ai beaucoup travaillé depuis que je ne vous ai vue. Mais ne me parlez pas de mon travail quand je vous parle de mon amour; ne me parlez pas de la copie, quand je suis aux genoux du modèle!

LÉONOR. Elle ne paraîtra donc pas à ce concours?

ROLLA. Vous... y songez?

LÉONOR. Si j'y songe!

ROLLA. Mais... c'est pour moi seul que

je l'ai faite. Je voulais avoir votre portrait, Léonor; quelque chose que je pusse entretenir de vous en votre absence, une ressemblance imparfaite, mais qui du moins ne me quitterait pas! Quand j'ai commencé mon ouvrage, le grand-duc avait rempli l'Italie du bruit de ce concours, le nom de sainte Cécile était dans la tête de tous les artistes... Je vous ai faite en sainte Cécile! sans aucune arrière-pensée, je vous l'assure. Et puis, je me souvenais de Gènes, de cette terrasse où vous chantiez le soir en vous accompagnant de la harpe; c'est là que je vous ai vue pour la première fois; j'ai voulu tailler en marbre le plus charmant de mes souvenirs! mais mon idole est enfermée sous ce rideau comme dans un sanctuaire, et jamais elle n'en doit sortir! Après ce qui s'est passé à Gènes, publier votre portrait, ce serait publier notre amour! Je ne suis admis, moi, dans aucune de ces fêtes où les heureux et les grands de Florence ont le privilége de vous voir ôter votre voile! Ce serait leur dire: elle est venue chez moi; ce serait surtout le dire à votre père!

LÉONOR. Où nous sommes-nous engagés?

ROLLA. Et tenez, puisque tant d'obstacles s'opposent à notre bonheur, puisqu'il est possible que je vous perde si tôt, pour la gloire de Michel-Ange, je ne voudrais pas me séparer de cette statue! Que deviendrais-je, privé d'elle et privé de vous? Oh! ne riez pas de ma folie; cette statue, soit que j'y tienne comme à un premier ouvrage, soit qu'une illusion de l'amour m'y fasse retrouver toute votre beauté, hé bien, je l'aime... non comme un artiste, comme un amant! Les grecs, nos maîtres immortels dans l'art et la poésie, cachaient de sublimes vérités dans leurs fables. Celle de Pygmalion est mon histoire! Quand je suis avec ma statue, je ne suis pas seul; quand je suis avec vous et avec elle, nous sommes trois! Et maintenant qu'elle est presque achevée, maintenant qu'elle a pris les apparences de la chair et de la réalité, je tremble devant elle comme devant vous! Il y a un défaut au bras qui tient la lyre; ce défaut, je le vois! trois coups de ciseau et il serait corrigé; mais je n'ose pas les donner! Il me semble que la statue palpite sous le marteau que j'en approche, et que le sang va jaillir!... Ayez pitié de moi... Hier, à la chute du jour, j'étais là, agenouillé devant elle... j'ai entendu des sons divins qui s'échappaient de sa lyre... elle a fait un pas pour descendre de son piédestal!..

LÉONOR. J'ai donc une rivale?

ROLLA. Vous avez une sœur!

LÉONOR, *faisant un pas vers le rideau.* Que je la voie, au moins.

ROLLA. Attendez! je m'enthousiasme en parlant et puis je retombe. Vous allez lui trouver sans doute autant d'imperfections que j'y rêve de beautés! Je ne l'ai pas tout à-fait achevée, voyez-vous. Ne vous moquez pas de moi... Attendez, vous dis-je! ce n'est pas à vous de la dévoiler... ne mettez pas la réalité si près de l'illusion, la nature si près de l'art, la vie si près du néant! Regarder ma statue quand vous êtes là, c'est me décourager!

LÉONOR. C'est trop vous défier de vous-même; Rolla...

ROLLA. Vous le voulez? (*Il va toucher un ressort; le rideau se tire. On voit la Sainte-Cécile sur son piédestal. Un silence.*) Eh bien?

LÉONOR. Eh bien, il faut que cette statue soit envoyée au concours, aujourd'hui, à l'instant même!

ROLLA. Léonor...

LÉONOR. Anathème sur moi, si, par ma faute, ce chef-d'œuvre restait inconnu! Il faut qu'on le voie, il faut que tu triomphes! Quand mon père devrait me maudire, quand je devrais être déshonorée!

ROLLA. Un peu de gloire au prix de ton honneur? jamais!...

LÉONOR. Mais je ne sais ce que je dis, tu le vois bien... ton amour honorerait une reine!... Que parlais-tu du néant? mais c'est la vie! mais depuis que je l'ai vue, c'est un monde que tu as fait sortir du chaos!... Tu avais raison... elle respire, elle va parler... O mon noble Rolla, ô mon généreux artiste, je serai digne de toi, je te le jure! Plus de ménagemens, plus de craintes! mon père a maintenant la force de m'entendre, j'aurai la force de lui parler!

ROLLA. Songe que j'attends son aveu; que je suis un honnête homme; que, s'il s'oppose à la publicité de ma statue, aucune puissance humaine ne la fera sortir de mes mains!

LÉONOR. Il y consentira, j'en réponds, et tu en recevras bientôt l'assurance. Va, sois tranquille. Je mourrai ou je porterai ton nom!

Elle sort précipitamment.

ROLLA, *seul.* Ah! c'est le jugement de l'amour que je viens d'entendre! celui de la foule sera peut-être bien différent!... La foule! ô ma statue! tu paraîtrais devant elle?...

STEFANO, *en dehors*. Rolla, Rolla, ouvre-moi donc !...

ROLLA. La voix de Stefano !... (*Il va fermer le rideau.*) Voile que je hais, retombe sur mon œuvre ; mais bientôt....

Il va ouvrir.

SCENE VII.

ROLLA , STEFANO.

STEFANO, *essoufflé*. Tiens ! tu étais enfermé ?... Ah ! j'ai couru... j'ai couru...

ROLLA. Tu devais passer la journée chez ton maître.

STEFANO. Je te conseille de me gronder ; regarde.

Il jette une poignée d'or sur la table.

ROLLA. De l'or !

STEFANO. Nous voilà riches. Vois les beaux ducats ; à l'effigie du grand-duc, et tout neufs ! Monseigneur Côme a une tête superbe. Douze ducats, Rolla !

ROLLA. Qui te les a donnés ?

STEFANO. Donnés ? mon cher ami, nous avons avantageusement vendu ton Saint-Pierre !

ROLLA. Quoi ! ce vieux fripon de Salomon ?...

STEFANO. Ah bien ! oui ! lui, tirer de ses entrailles douze ducats à la fois ! C'est une histoire moins miraculeuse... Figure-toi qu'en sortant d'ici, il m'est venu une idée... je t'avais parlé du concours de la Sainte-Cécile ; je voulus voir les premiers ouvrages qu'on y avait envoyés... l'exposition se fait au palais Appiani... oui, tout près d'ici... ce n'était pas trop me détourner... J'entre, et me trouve, moi troisième, dans la galerie ; on venait de l'ouvrir... de mes deux compagnons, l'un était un homme jeune encore ; l'autre avait la barbe et les cheveux blancs... Voilà qu'ils se mettent à considérer les statues les unes après les autres..... et le vieux critiquait, critiquait...

ROLLA. Que disait-il ?

STEFANO. Oh ! il était fort sévère ! son ami répondait mais ci, mais ça, et ne donnait pas de trop bonnes raisons. Enfin nous étions arrêtés devant le meilleur ouvrage de l'exposition , quand le vieux se récriant tout d'un coup: Ah ! quelle charmante statue ! et il me frappe sur l'épaule. Moi, je me figure qu'il me demande mon avis, et je lui réponds : Mais oui, pas mal.— Et où portes-tu ça, mon ami ?— Monsieur,

pour un homme de votre âge, il me paraît que vous avez le jugement faible. Comment voulez-vous que je me charge, moi, d'une statue en marbre de grandeur naturelle ? — Je ne parle pas de la Sainte-Cécile, me répond-il d'un ton bourru , je parle de ce petit Saint-Pierre en bois que tu as sous le bras ! — Ah ! ah ! le Saint-Pierre ? je le porte chez un marchand.— Veux-tu me le vendre ? — Pourquoi pas? Et alors, prenant la statuette dans ses mains, « Tenez, monsieur le marquis, dit-il à son compagnon, vous que le grand-duc a chargé de la direction suprême des beaux-arts, et qui devez réunir dans ses musées des morceaux de toutes les époques, ne manquez pas celui-ci ; c'est du plus beau temps de l'art gothique ! une sculpture détachée de quelque vieille chapelle ! » L'autre se met à renchérir sur ces louanges, et finalement me demande le prix du Saint-Pierre. Tu juges si je mourais d'envie de rire depuis le commencement de la dissertation ! je ne pus garder plus long-temps mon sérieux. « Je plains le grand-duc, messeigneurs, s'il n'a pas de meilleurs antiquaires ! je ne veux pas être soupçonné d'un sacrilége, et d'ailleurs la probité avant tont ! Mon Saint-Pierre n'est pas tout-à-fait aussi vieux que vous le supposez, il n'est achevé que depuis deux heures. C'est un pastiche.'» — Ils se regardèrent d'un air mystifié. Le jeune homme prit son parti de bonne grâce et se mit à rire aussi fort que moi ; l'autre était de mauvaise humeur. « Un pastiche ; c'est vrai ! je le vois maintenant ; mais c'est égal, le sculpteur a du talent. Son nom ? » — J'ai répondu que c'était un secret ; le jeune homme m'a donné sa bourse, je l'ai prise en faisant la révérence et sans compter. Et me voilà.

ROLLA. Cette bagatelle ne valait pas douze ducats.

STEFANO. Il fallait peut-être les refuser ?

ROLLA. Non... au fait ! tu leur as dit ?... (*A lui-même.*) Je ne puis rester en place. Ma tête brûle... j'ai besoin d'air. D'ailleurs je n'ai pas de temps à perdre : allons commander l'appareil, les ouvriers qu'il me faut... et voir les statues exposées. Je n'aurai pas la réponse de Léonor avant une heure ; c'est assez de temps pour reconnaître mes adversaires...

STEFANO. Tu prends l'argent ?

ROLLA. J'en prends la moitié. Adieu ! le succès du Saint-Pierre est d'un heureux présage.

STEFANO. Pour le succès de la Sainte-Cécile ?

ROLLA. Et d'où sais-tu que j'ai fait une Sainte-Cécile?

STEFANO. Tu exposerais! tu exposerais! est-il possible ?

ROLLA. Patience! aujourd'hui même je te dirai tout.

Il l'embrasse et sort par le fond.

SCENE VIII.

STEFANO, *seul.*

Patience! je saurai tout! je ne m'étais donc pas trompé! ce rideau cache une Sainte-Cécile! Mais pourquoi l'a-t-il faite avec tant de secret? par orgueil, sans doute ; pour éviter l'ennui d'une défaite annoncée d'avance; je suis sûr qu'il réussira, et lui-même doit avoir confiance dans son ouvrage, puisqu'il s'est décidé à l'exposer : il ne m'a pourtant rien dit de positif. Sa détermination peut changer. Que Dieu le maintienne dans cet accès de courage !.. Il était si pressé qu'il a oublié de déjeuner ; je n'ai pas de ces distractions-là, moi. J'ai passé chez le boulanger, et il a suffi de lui montrer un ducat pour reprendre tout mon crédit. Ses petits pains sont excellens, ce matin. La Sainte-Cécile! diable de rideau !... (*Maître Michel et le marquis paraissent dans le fond.*) Tiens! tiens! voilà mes deux antiquaires!

Il va au devant d'eux.

SCENE IX.

STEFANO, LE MARQUIS APPIANI, MAITRE MICHEL.

STEFANO. Entrez, messieurs, et soyez les bien venus!

MAITRE MICHEL, *brusquement.* Bonjour.

STEFANO. Je suis enchanté de vous voir; mais qui vous a dit notre adresse ?

LE MARQUIS. Maître Salomon.

STEFANO. Ah ! vieil indiscret !

LE MARQUIS, *à maître Michel.* Du côté des ruines du palais de Lorenzo ; vous voyez que j'avais raison.

MAITRE MICHEL. Vous avez toujours raison, monsieur ; c'est une chose connue.

LE MARQUIS, *riant.* Ah ! ah ! vous ne pouvez vous consoler de votre méprise. Je conviens qu'elle est cruelle ! je puis me tromper, moi ; mais vous !.... une sculpture gothique !

STEFANO, *riant aussi.* Détachée d'une vieille chapelle.

LE MARQUIS, *de même.* Qui avait au moins trois cents ans de date !

STEFANO, *lui frappant sur l'épaule et riant aux éclats.* Nous en faisons comme ça tous les jours.

LE MARQUIS. Allons, allons, c'est assez.

MAITRE MICHEL. Où est le maître de la maison?

STEFANO. Lequel?

MAITRE MICHEL. Celui qui est artiste, morbleu !

STEFANO. Ils le sont tous deux, et je vous présente le plus jeune ; l'autre est sorti.

MAITRE MICHEL. Je vais l'attendre.

LE MARQUIS. En avons-nous le temps? peut-être il serait plus convenable...

MAITRE MICHEL. Il me convient de faire ce que je veux, je suis libre.

LE MARQUIS. Mais si le grand-duc vous attend ?

MAITRE MICHEL. Qu'il attende !

LE MARQUIS, *à part.* Il faut tout souffrir de ce maudit homme !

STEFANO.* Acceptez ces tabourets, messieurs ; pour le moment, je n'ai pas de siéges plus commodes.

MAITRE MICHEL. Çà, tu demeures donc ici avec...?

STEFANO. Avec mon frère.

MAITRE MICHEL. Quel âge a-t-il ?

STEFANO. Vingt ans.

MAITRE MICHEL. Et sais-tu s'il s'occupe d'ouvrages plus sérieux que celui que tu nous as vendu ?

STEFANO. Plus sérieux ?

MAITRE MICHEL. Ton frère a du talent, et je ne veux pas qu'il perde son temps à des niaiseries !

STEFANO. Des niaiseries! dame ! ce n'est pas ce que vous disiez tout-à-l'heure !

MAITRE MICHEL. Je suis sûr qu'il est de mon avis, puisqu'il refuse d'attacher son nom à ces petits ouvrages! Pourquoi n'a-t-il pas envoyé une statue au concours de la Sainte-Cécile ?

STEFANO. Il ne me rend pas compte de ses actions.

LE MARQUIS, *prenant maître Michel à part.* Allons, allons, maître Michel, vous ne voulez pas reconnaître que vous vous êtes trompé une seconde fois. Cette statuette du Saint-Pierre était agréable; mais celui qui l'a faite n'a rien de supérieur dans ce talent : vous le voyez bien. Vous êtes enthousiaste; partons-nous ?

MAITRE MICHEL. Non pas. Ce jeune homme ignore peut-être ce qu'il peut faire, et je veux me donner le plaisir de le lui révéler. Monsieur le marquis, on reconnaît un bon poète sur un distique, et un bon sculpteur sur un coup de ciseau. C'est peut-

* Le marquis, maître Michel, Stefano.

être sur un homme de génie que je vais mettre la main; ne me laissez pas manquer la découverte. Ils deviennent rares.

LE MARQUIS. Vous êtes sévère. L'exposition que nous avons examinée offre des ouvrages remarquables; celui de Rolando de Pise, celui de Jean de Bologne…

MAITRE MICHEL. Je ne suis pas de votre avis : c'est du maniéré sans grâce et sans esprit. S'ils avaient encore quelque originalité! mais point; ces gens-là imitent toujours quelqu'un. Morbleu! n'étudiez et n'imitez que la nature! Au reste, consolez-vous; ce que nous avons à Rome ne vaut guère mieux. La perversité du goût m'épouvante, et je ne pensais pas qu'un siècle qui débuta par Raphaël et Léonard… mais je me tais…vous m'allez accuser de jalousie?

LE MARQUIS. La noblesse de votre caractère…

MAITRE MICHEL. Ah! j'ai beaucoup d'ennemis à Florence, et c'est trop juste : j'y suis né! c'est le reproche qu'ils me jettent de tous les côtés : jaloux! Mais celui qui publie son nom doit s'attendre à toutes les injures!

LE MARQUIS. Cependant…

MAITRE MICHEL. Le plus triste jour de ma vie est le jour où mourut ce jeune homme au divin génie, que le ciel avait donné à la terre en le baptisant d'un nom qui rappelait son origine. J'entrai dans sa maison où Léon X lui-même était venu avec un laurier. La Transfiguration, chef-d'œuvre de la peinture, était placée près du lit mortuaire, et, pour mieux prouver la grandeur de cette perte irréparable, ce chef-d'œuvre était inachevé! Ton ame les a reçus, ô Raphaël, les pleurs que j'ai versés sur ton cadavre! Eh bien, en sortant de là, Vasari me dit que tous les yeux interrogeaient mon visage; qu'on avait voulu y découvrir les signes d'une joie secrète, et que je n'avais persuadé personne de la sincérité de mes regrets.

LE MARQUIS. Ecartez ces tristes souvenirs et ne parlez plus d'une perte que vous seul qualifiez d'irréparable. Quoique absent depuis quinze années, vous n'avez à Florence que des admirateurs et des amis! restez-y quelques jours de plus pour vous en convaincre. Qui vous rappelle à Rome?

MAITRE MICHEL. Mes élèves, mes travaux, l'habitude.

LE MARQUIS. « Le grand-duc a une noble ambition. La gloire des Jules II et des Léon X l'empêche de dormir : il aime Florence comme un père aime sa fille, et sur le front de cette fille chérie il voudrait placer toutes les couronnes. Je vous préviens qu'il n'épargnera rien pour vous retenir.

MAITRE MICHEL. » Plus jeune, j'aurais pu céder à ses prières; mais maintenant il est trop tard. Florence est la ville du bruit, des fêtes, de la jeunesse; Rome est la cité des méditations, des ruines, des vieillards. l'une est l'image du présent et de la vie; l'autre, du passé et de la mort. De quoi suis-je plus près, monsieur le marquis, de ma tombe ou de mon berceau?

LE MARQUIS. » Que l'une s'élève dans les lieux où le ciel avait placé l'autre.

MAITRE MICHEL. » C'est l'affaire de mes héritiers.

LE MARQUIS. » Vous ne tenez pas à dormir dans la terre natale?

MAITRE MICHEL. » Ma terre natale, c'est l'Italie tout entière, et Florence n'a pas plus de droits que Rome et que Naples à réclamer mes cendres et à se glorifier de mon nom! O Italiens, race antique, vous vous déchirez obstinément sur le sein de votre mère, et vous ne voyez pas que l'étranger seul profite de vos querelles! Dieu, qui vous a frappés de sa malédiction, punit en vous le crime qu'il a puni dans Caïn, le fratricide! Un jour, instruits par la dure expérience, vous formerez tous ensemble un vœu d'union et de concorde, et, comme vous parlez la même langue divine, vous vous entendrez bientôt! Ce jour est encore loin, hélas! et mes yeux n'en verront pas même l'aurore; mais quand il se lèvera sur votre tête, souvenez-vous, ô Italiens régénérés, que tous, tant que nous étions, philosophes, peintres, poètes, nous avons travaillé, chacun dans notre rang, à cette grande réconciliation de famille!

LE MARQUIS. » Que Dieu vous entende, et que Florence soit à la tête de ce mouvement! Notre devoir est de préparer toutes les villes de l'Italie à la suprématie de la nôtre; il faut seconder les patriotiques efforts du grand-duc!» (*Riant à demi.*) Ah! maître Michel, si le grand-duc écoutait mes avis, vous resteriez à Florence, bon gré mal gré.

MAITRE MICHEL. Vous croyez qu'on obtiendrait de moi quelque chose par la force?

LE MARQUIS. Alcibiade fit enlever Parrhasius, et le réduisit par la famine à peindre une fresque dont il ne voulait pas s'occuper.

MAITRE MICHEL. Moi, monsieur, je serais mort de faim… et je vous fais mon compliment de la manière dont vous comprenez les encouragemens à donner aux artistes.

LE MARQUIS. C'est que je me sens capable de tout pour vous posséder à une fête qui se prépare au palais Appiani.

MAITRE MICHEL. Quelle fête?

LE MARQUIS. Celle de mon mariage.

MAITRE MICHEL. Et comment vous mariez-vous à Florence? N'êtes-vous pas fiancé à la seconde fille du prince Colonne?

LE MARQUIS. Un mariage arrangé par nos familles, et pour lequel les sympathies n'avaient pas été consultées... Je ne consentirai plus à une pareille union. Je sais quels fruits amers elles produisent!... J'épouse la fille d'un noble génois, proscrit par une injustice du sénat.

MAITRE MICHEL. Épouser la fille d'un proscrit! voilà qui est bien; et si je vais à Gênes, où le doge m'appelle depuis bien des années, j'essaierai d'être utile à votre beau-père. (*En achevant cette phrase, maître Michel va auprès de Stefano, qui, pendant la conversation des deux visiteurs, s'est assis devant la table, et s'est mis à dessiner en les regardant de temps en temps.*) Tu n'es donc pas sculpteur, toi?

STEFANO, *cachant précipitamment son dessin.* Je suis peintre.

MAITRE MICHEL. Quel est ton maître?

STEFANO. Andrea Solari.

MAITRE MICHEL. Et celui de ton frère?

STEFANO, *répétant ce qu'il a entendu dire à son frère.* Il en a eu deux, également puissans, également admirables; et, pour parler son langage, il ne sait auquel il doit le plus, l'un, c'est la nature...

MAITRE MICHEL. Pas mal; mais l'autre?

STEFANO. C'est Michel-Ange.

MAITRE MICHEL. Et dans quelle ville a-t-il étudié sous Michel-Ange?

STEFANO. Partout. Michel-Ange est comme le soleil; ses rayons échauffent et fécondent toute l'Italie! Et cependant à Gênes, nous n'avions guère que des copies.

MAITRE MICHEL. Vous êtes de Gênes?

STEFANO. Et nous n'habitons Florence que depuis une année.

MAITRE MICHEL. Si ton frère aime Michel-Ange, pourquoi n'est-il pas venu à Rome?

STEFANO. Voilà ce que je me demande. Certes il aurait mieux fait. Le pape encourage les arts autrement que le grand-duc! le pape est éclairé, généreux; le grand-duc...

Maître Michel lui fait signe de se taire.

LE MARQUIS, *à part.* Gênes... à Florence depuis une année... Quel rapprochement*!.... (*Haut.*) Eh bien! dis-moi le nom de ton frère, je me charge de l'apprendre au grand-duc.

STEFANO. Je puis bien vous dire son nom, puisque vous savez où il demeure. C'est un nom encore inconnu. Rolla.

* Le Marquis, Stephano, maître Michel, qui va et vient.

LE MARQUIS, *à part.* Rolla!... (*Il fouille dans sa poitrine, et en tire des tablettes qu'il ouvre avidement.*) C'est bien cela. Rolla, ce sculpteur génois sur lequel le comte Grimani avait essayé de me donner des soupçons. Singulière rencontre!... Léonor s'oublierait à ce point! Je ne puis le croire. Grimani m'était assurément envoyé par le prince Colonne... Si cependant il ne m'avait pas trompé!... Je veux le revoir. (*A maître Michel, qui va et vient dans l'atelier.*) Adieu, maître Michel; je perds patience. Je vois que vous ne déjeunerez pas avec nous aujourd'hui.

MAITRE MICHEL. Ne vous dérangez jamais pour moi. J'ai mes fantaisies, vous le savez.

LE MARQUIS, *à Stefano.* Je reviendrai acheter des statuettes à ton frère.

STEFANO, *le reconduisant.* Mille pardons, monsieur le marquis; il sera désespéré...

Le marquis sort.

SCENE X.
STEFANO, MAITRE MICHEL

MAITRE MICHEL. Crois-tu que ton frère tarde encore long-temps?

STEFANO. Je ne le conçois pas. Il sera entré au palais Appiani. Au reste, ce que votre compagnon vient de dire... vous avez un moyen de passer votre temps en l'attendant?

MAITRE MICHEL. Lequel?

STEFANO. Si je vous offrais à déjeuner?

MAITRE MICHEL. Ah! ah!

STEFANO. Sans cérémonie, par exemple. De l'eau très-pure et un petit pain.

MAITRE MICHEL. Je ne déjeune jamais autrement.

STEFANO. Vous êtes frugal.

MAITRE MICHEL. Et je me porte bien. Me donnerais-tu soixante-dix ans, petit homme?

STEFANO. Jamais. Vous irez à la centaine.

MAITRE MICHEL, *montrant les dessins épars sur la table.* Sais-tu que tu as des dispositions?

STEFANO, *railleur.* Vous trouvez?

MAITRE MICHEL. Tu réussiras dans le portrait.

STEFANO. D'abord je saisis très-bien la ressemblance.

MAITRE MICHEL, *lui présentant brusquement le dessin qu'il vient de faire.* Témoin ce croquis.

STEFANO. Ah! quelle indiscrétion! est-ce qu'on fouille comme cela dans le carton d'un artiste?

MAITRE MICHEL. Mon compagnon est fort bien compris... le visage au vent, la démarche importante. Moi, je me trouve frappant.

STEFANO. Vous me rendez confus.

MAITRE MICHEL. Mais voilà une jambe impardonnable.

Il prend un crayon et la corrige.

STEFANO. Tiens! vous avez appris à dessiner?

MAITRE MICHEL. Quand j'étais jeune.

STEFANO. Vous êtes un excellent homme! Il faut me pardonner, voyez-vous. Ils me font faire des études si sévères!... toujours du Michel-Ange!

MAITRE MICHEL. Tu n'éprouves pas pour lui le même enthousiasme que ton frère?

STEFANO. Ma foi, non! Son génie ne descend pas de ses échasses, et le sublime finit par être fatigant. Mais parlons d'autre chose; dites-moi, maître Michel...

MAITRE MICHEL. D'où sais-tu mon nom?

STEFANO. Je l'ai entendu. Il n'y a pas d'indiscrétion?

MAITRE MICHEL. C'est juste, nous t'avons demandé le tien.

STEFANO. Mieux que cela, vous savez notre histoire.

MAITRE MICHEL. Et tu réclames une réciprocité de confidences? Je suis un bourgeois de Rome que des affaires ont appelé à Florence.

STEFANO. Je m'en doutais. Des affaires de commerce?

MAITRE MICHEL. Oui! de commerce.

STEFANO. Vous connaissez le grand-duc?

MAITRE MICHEL. Il m'a fait quelques commandes.

STEFANO. Dans quel genre?

MAITRE MICHEL. Dans tous les genres.

STEFANO. Eh bien! recommandez-lui mon frère. Je ne me fie pas trop aux airs protecteurs de votre ami.

MAITRE MICHEL. Tu as failli faire devant lui un bel éloge de son altesse ducale. Une autre fois prends garde!... Mais les hommes de talent, vois-tu, se recommandent d'abord par eux-mêmes; pourquoi ton frère ne fait-il pas une statue qu'on puisse proposer au grand-duc?

STEFANO, *étourdiment.* La statue est peut-être faite!

MAITRE MICHEL. Et elle est cachée derrière ce rideau?

STEFANO. O ciel, qui vous a dit?...

MAITRE MICHEL. Je l'ai deviné.

STEFANO. Je n'ai pas trahi son secret, du moins!

MAITRE MICHEL. Pourquoi faire un secret d'un pareil travail?

STEFANO. Je ne puis le comprendre; mais il a promis de m'expliquer tout aujourd'hui même, et il est bien temps! c'est aujourd'hui que le concours se ferme.

MAITRE MICHEL. C'est donc une Sainte-Cécile?

STEFANO. Ah! maître Michel, maître Michel, c'est mal; vous profitez de toutes mes étourderies!

MAITRE MICHEL. Tu aimes ton frère?

STEFANO. Si je l'aime!

MAITRE MICHEL. Dans son intérêt ne me cache rien! Pourquoi la statue n'est-elle pas encore partie?

STEFANO. Eh! que sais-je? Il ne l'enverra peut-être pas! il a tant d'orgueil et de timidité! il se défie tant de ses forces, et serait si désespéré d'une défaite!

MAITRE MICHEL. Il faut que nous sachions à quoi nous en tenir!

STEFANO. Oui; mais il m'a bien défendu...

MAITRE MICHEL. Pour l'encourager!...

STEFANO. Ce que je disais tout-à-l'heure!

MAITRE MICHEL. Je parie que son ouvrage mérite le prix!

STEFANO. Je le parierais aussi, moi!

Ils se trouvent devant l'estrade.

MAITRE MICHEL. Le rideau résiste...

STEFANO. Attendez! je fais sentinelle à cette porte.

MAITRE MICHEL. Il y a donc un ressort?

STEFANO. A la hauteur de la main, à droite; cherchez bien.

MAITRE MICHEL. Je l'ai trouvé! (*Le rideau se tire. Il descend de l'estrade.*) Ah! voilà un chef-d'œuvre!

STEFANO, *qui est accouru.* Rolla! mon frère! Ah! n'est-ce pas, c'est bien beau?

MAITRE MICHEL. Je ne m'étais pas trompé, monsieur le marquis!

STEFANO. Quelle expression céleste!... Mais je connais cette figure.... c'est elle..... c'est Léonor... Quelle découverte!

MAITRE MICHEL, *qui ne l'a pas écouté.* Il y a là-dedans un Raphaël sculpteur!... Italie! Italie! voici une de mes belles journées! Ah! je ne m'étonne pas qu'il ait caché son œuvre sous de triples voiles! l'air, le souffle, le regard, pourraient altérer ce marbre fragile, ternir cette fleur exquise de beauté!... Maintenant tu peux mourir, vieux Michel; tu as un successeur!... (*Il recule de quelques pas, et se frappe le front tout-à-coup.*) Il y a un défaut au bras qui tient la lyre!

STEFANO. Un défaut!

MAITRE MICHEL. A l'articulation, regarde.

STEFANO. Un défaut!

MAITRE MICHEL. Il saute aux yeux!

STEFANO. Définitivement, maître Michel, vous ne vous y connaissez pas!

MAITRE MICHEL. Ecoute! est-ce que je n'entends pas marcher dans la rue? C'est ton frère qui revient!

STEFANO. Mon frère!

Il court au fond; maître Michel prend un ciseau et un maillet et corrige le défaut.

MAITRE MICHEL, *travaillant.* Pourquoi ma main tremble-t-elle? Allons, soyons maître de mon émotion!

STEFANO, *revenant.* Eh bien! qu'est-ce que vous faites? Mes caricatures, passe; mais la statue de mon frère! Au secours! au feu!

MAITRE MICHEL. Ton frère se souviendra de ma visite.

STEFANO. Pour vous maudire!

MAITRE MICHEL. Pour me remercier. Le défaut n'existe plus.

STEFANO. Cette fois, c'est bien lui; que Dieu nous protége!

MAITRE MICHEL. Silence!

Il referme le rideau.

SCÈNE XI.

MAITRE MICHEL, *dans le fond*, ROLLA, STEFANO.

ROLLA, *qui entre rêveur.* Toutes mes irrésolutions me sont revenues... je désirais la publicité; maintenant je m'en épouvante... Cette statue de Jean de Bologne est belle... oh! oui... plus belle que la mienne! et que les jugemens de la foule étaient pleins d'injustice et de cruauté! (*Il aperçoit Stefano qui vient à lui.*) Ah! Stefano!

STEFANO. Tu as tardé bien long-temps? Tu parais soucieux?

ROLLA. Je viens du palais Appiani. J'ai vu l'exposition. Il y a de beaux ouvrages!

STEFANO. Oh! oh!

ROLLA. Je ferai bien de ne pas exposer. Il est inutile que mon premier combat soit une défaite!

STEFANO. Quelle idée!

MAITRE MICHEL, *s'avançant entre les deux frères.* Vous craignez une défaite? Est-ce que vous parlez sérieusement?

ROLLA. Monsieur...

STEFANO. Pardon. C'est un estimable commerçant que je te présente. Il t'attendait depuis une heure. C'est monsieur qui a fait acheter le Saint-Pierre.

ROLLA. Vous avez estimé trop cher une bagatelle.

MAITRE MICHEL. Je suis bien aise de vous entendre parler ainsi. A l'avenir employez mieux votre temps.

ROLLA. Je suis désespéré de vous avoir fait perdre le vôtre. Que me voulez-vous, monsieur?

STEFANO. Oui, au fait, que lui voulez-vous?

MAITRE MICHEL, *qui regarde Rolla avec beaucoup d'attention.* Rien.

ROLLA. Ai-je l'honneur d'être connu de vous?

MAITRE MICHEL. Non; mais nous ferons connaissance. Je trouve dans votre physionomie ce que j'y cherchais.

STEFANO, *à part.* Voilà un examen qui devient indiscret au dernier point.

MAITRE MICHEL. Vous ressemblez à un jeune homme dont je parlais tout-à-l'heure et dont la mort m'a coûté les seules larmes que j'aie encore versées!

STEFANO, *à part.* Pauvre homme! (*Haut.*) Un fils peut-être?

MAITRE MICHEL. S'il l'avait voulu, je lui aurais donné ce nom! (*Après un silence.*) Monsieur, je ne partage pas votre avis sur les statues de l'exposition: la meilleure me paraît mauvaise.

ROLLA. C'est de la sévérité.

MAITRE MICHEL. C'est de la justice.

ROLLA. Je crois que, pour apprécier convenablement les travaux d'un artiste, pour comprendre sa pensée, pour rendre justice à ses efforts...

MAITRE MICHEL. Il faut être artiste soi-même. Vous avez peut-être raison. Au reste, votre modestie vous fait honneur, et c'est comme cela que j'étais à votre âge. Voulez-vous me donner la main, mon frère?

ROLLA. De tout mon cœur; mais vous êtes donc...?

MAITRE MICHEL, *riant.* Un bourgeois de Rome: n'est-ce pas, Stefano?

Il sort.

SCENE XII.

ROLLA, STEFANO.

ROLLA. Un bourgeois de Rome! Tu es sûr de cela, Stefano?

STEFANO. Je ne suis sûr de rien; mais, s'il ne meurt pas dans la peau du plus parfait original!...

ROLLA. Ah! que m'importe! Je m'occuperai plus tard de cette singulière visite!... Ecoute. Il faut que je sorte de l'incertitude où je suis... J'ai fait une Sainte-Cécile. Tu vas la voir. Tâche d'oublier l'affection que tu me portes et de me donner un jugement impartial. Ton avis me décidera peut-être!

STEFANO, *à part.* Il va s'apercevoir des corrections du bourgeois. Je suis perdu !... Rolla...

ROLLA. Tu es bien jeune encore ; mais tu connais déjà la sainteté du serment. Jure-moi de ne parler à personne du secret que tu vas découvrir.

STEFANO. Je te le jure ; mais...

ROLLA, *entraînant Stefano.* Viens ! viens ! et d'abord tu me diras si au bras qui tient la lyre... (*Il tire le rideau et monte sur l'estrade.*) Ah !... Est-ce un rêve ? est-ce que ma raison m'abandonne ?... Stefano, cet homme qui sort d'ici ?...

STEFANO. Eh bien !

ROLLA. Il a tiré ce voile ?

STEFANO. Mon frère !

ROLLA. Et il a donné trois coups de ciseau à ma statue ?

STEFANO, *à genoux.* Pardonne-moi !

ROLLA. C'est Michel-Ange !

STEFANO, *se relevant.* Michel-Ange ! ah ! par exemple ! et moi qui lui ai dit qu'il ne s'y connaissait pas !

ROLLA, *riant et pleurant.* Michel-Ange a vu ma statue ! Michel-Ange est venu dans ma maison !... Oh ! ma maison est maintenant un temple !... Mais que disait-il ? que disait-il ? Ah ! il m'a donné sa main, en m'appelant frère ! frère !... Oh ! apaise-toi, mon cœur, ou que ma poitrine s'élargisse !... Frère !.. oh ! j'étouffe... j'étouffe ! Grâce, mon Dieu ! mon Dieu !... ce n'est pas aujourd'hui que je dois mourir !

Il tombe éperdu sur les marches de l'estrade.

STEFANO. Reviens à toi, va, sois tranquille... la joie ne fait pas mourir... Oui, il t'a appelé frère, et il m'a dit que ta Sainte-Cécile était un chef-d'œuvre.... et quoi encore ?... Qu'il y avait en toi l'avenir d'un Raphaël sculpteur... Douteras-tu de tes forces, maintenant ? ... Le jugement de Michel-Ange, c'est celui de l'Italie ! une prédiction de Michel-Ange, c'est un ordre à la destinée... Ah ! quel grand homme et quelle bonté divine !... Lève-toi, Rolla, c'est aujourd'hui que tu triomphes !

ROLLA. Ah ! ce qui m'arrivera dans cette journée, je n'en sais rien... mais je viens d'éprouver la plus forte émotion que puisse supporter un homme. Maintenant, que le ciel m'épargne !... une émotion nouvelle serait un coup de mort. (*On entend sonner l'angélus.*) L'angélus sonne.... prions.... Mon Dieu !... J'ai traversé des jours bien pénibles... comme vous, j'ai porté ma croix ; comme vous, je suis tombé bien des fois, épuisé, sur le bord de la route ; mais je n'ai jamais maudit ma destinée ; je n'ai jamais blasphémé votre nom... O Dieu ! mes prières sont pures, et j'ai le droit de vous remercier et de vous bénir aujourd'hui que vous changez ma couronne d'épines en une couronne de lauriers ! (*A Stefano.*) Et toi, le confident de mes joies et de mes peines, de mes désespoirs et de mes espérances, charmant esprit qui relevais mon courage, douce main qui essuyais mon front, la Providence t'avait placé près de moi, mon frère, comme une fleur sous les fenêtres d'un prisonnier... O frère ! tu ne comprendras jamais ce que je te dois de reconnaissance, que si tu souffres ce que j'ai souffert !.. Et que de fois tu as supporté sans te plaindre mes inégalités, mes emportemens, mon humeur farouche !.. pardonne-moi !.. pardonne-moi !.. tu as pris part à mes combats... partage ma victoire.. Viens !... viens !... réjouissons-nous !..

Ils se jettent dans les bras l'un de l'autre.

STEFANO. Ton bonheur est complet. A dater d'aujourd'hui, te voilà digne d'elle... Et moi qui t'accusais de l'avoir oubliée... Léonor, ma sœur !

ROLLA. Tu l'as reconnue ? Ah ! songe au serment que tu m'as fait... Notre amour est encore un secret ; mais bientôt, je l'espère, je serai maître de le publier.

Il va refermer le rideau.

SCENE XIII.
ROLLA, UN PAGE, STEFANO.

LE PAGE, *présentant une lettre à Rolla.* Pour vous, seigneur Rolla.

ROLLA. Qui es-tu ? je te connais.... Où t'ai-je vu ?

LE PAGE. A Gênes... Vous êtes voyageur, je suis exilé... nous sommes enfans de la même patrie.

ROLLA. Tu appartiens au sénateur Andrea Costa... oui, voilà ses couleurs et ses armes... C'est une lettre de lui que tu m'apportes ?

Le page la lui donne avec un signe affirmatif.

STEFANO. Comme tu trembles !

ROLLA. Moi, non ; je reçois avec respect ce message de mon ancien bienfaiteur. (*Stefano et le page se retirent de quelques pas. Rolla ouvre la lettre.*) « Rolla, ma fille m'a tout appris. Si j'étais seul avec elle sur la terre, si je n'avais pas un fils à qui je dois compte du nom de mes ancêtres, je consentirais peut-être à te nommer mon gendre ; mais je te fais juge de mes devoirs. Si le marquis Appiani épouse Léonor, le grand-duc doit intervenir auprès de la république de Gènes pour me faire rendre mes biens, mes dignités, ou plutôt pour les faire rendre à mon fils. Crois-tu nécessaire que Léonor se dévoue? Je te demande un sacrifice aussi pénible que celui que j'ai exigé d'elle. Renonce, au moins pour quelque temps, à exposer ta statue. Lisa del Giocundo fut déshonorée quand Léonard de Vinci eut publié son portrait. O Rolla! songe à ma vieillesse; garde l'honneur d'une famille où tu avais été reçu comme un fils. »

LE PAGE. Quelle réponse donnerai-je à mon maître?

ROLLA. Dis-lui que Stefano, mon frère, ira bientôt la lui porter.

Le page sort.

STEFANO. Comme tu es agité!... cette lettre... montre-moi cette lettre.

ROLLA. Oui, je t'ai dit mon secret; vois s'il importe que tu le gardes.

STEFANO, *après avoir lu.* O ciel! ô ciel! que te demande-t-il? Que tu renonces à exposer ta statue!.. Cela ne se peut pas.... C'est le portrait de sa fille?... hé bien! ne peux-tu l'avoir fait de souvenir?

ROLLA. Lisa del Giocundo fut déshonorée... et elle n'était pas venue en secret chez Léonard... et elle n'était pas promise à un marquis Appiani!

STEFANO. Ah! Rolla!

ROLLA. Va chez le seigneur Andrea Costa; tu lui diras que toi seul es instruit de mon secret, et tu ajouteras ces paroles : « La statue de votre fille n'appartient pas à mon frère, mais à vous. Il a pris devant moi le marteau dont il s'était servi pour la sculpter; dites un mot, seigneur.... il reprendra ce marteau pour la détruire!»

Il fait le geste indiqué par les paroles.

STEFANO. Ah! malheureux !

ROLLA. Le bonheur est l'ombre de l'homme : toujours derrière ou devant lui... Va... va, et cependant, s'il exigeait... Dis-lui que cette statue est ensevelie sous le rideau qui la couvre, comme un mort sous les plis de son linceul.... Non, ne lui dis pas cela, ce serait une lâcheté.

STEFANO. Tu pleures?

ROLLA. Et j'en ai honte.... mais que veux tu?... cette visite de Michel-Ange, cette main qui a serré la sienne... hé bien, cette main me reste... je suis jeune, j'ai des forces... je ferai quelque autre ouvrage!...Va, pars; montre plus de fermeté que moi... acquitte-toi noblement de la commission que je te donne.

STEFANO, *à part.* Je sors; mais je sais ce que j'ai à faire... il y a un homme qui peut tout sauver.

Il sort.

ROLLA, *seul.* Léonor! Léonor! Ah! que me fait maintenant la gloire? Je ne le voulais que pour la mettre à tes genoux!... Léonor!.. perdue pour moi! Son devoir est d'épouser cet odieux Appiani ; le mien est de prêter les mains à ce sacrifice... « Garde l'honneur d'une famille où tu avais été reçu comme un fils.... » Oui, oui, je le garderai.

SCENE XIV.

ROLLA, LE MARQUIS APPIANI, Suite.

LE MARQUIS. Est-ce vous qu'on nomme Rolla?

ROLLA. Que me voulez-vous, seigneur?

LE MARQUIS. Je suis le marquis Appiani. Vous avez fait une statue pour le concours de la Sainte-Cécile ; Michel-Ange l'a vue, et sur le rapport qu'il en a fait au grand-duc, le grand-duc m'envoie la chercher.

ROLLA. Vous?

LE MARQUIS. Vous me suivrez; son altesse désire vous voir.

ROLLA. Quelle fatalité, mon Dieu !

LE MARQUIS. C'est aujourd'hui que le concours expire. Qui vous retenait? qui vous retient encore?

ROLLA. Seigneur....

LE MARQUIS. C'est derrière ce rideau que votre statue est placée? Michel-Ange en a fait un tel éloge, qu'il me tarde...

Il fait un pas vers l'estrade.

ROLLA. Arrêtez! le hasard, une indiscrétion de mon frère, ont fait voir ma statue à un grand homme qui l'a jugée avec trop de bonté; mais nul autre que lui ne doit la voir à Florence.

LE MARQUIS. Que dites-vous? Doutezvous de vous-même, après avoir été loué par Michel-Ange?

ROLLA. Je vous dis que ma statue n'était pas destinée au concours.

LE MARQUIS. C'est pourtant une sainte Cécile?

ROLLA. Peut-être; mais enfin, je ne dois compte de mes fantaisies qu'à moi seul.

LE MARQUIS, *souriant.* Mais moi, je dois compte au grand-duc de la mission qu'il m'a donnée. Je vous assure que je ne sortirai pas d'ici sans votre statue.

ROLLA. Lors même qu'elle aurait été vendue d'avance ?

LE MARQUIS. Quelle que soit la somme qu'on vous ait promise, je vous en donne le double.

ROLLA. Et ma parole?

LE MARQUIS. Toute parole se délie.

ROLLA. Par l'autorité du pape, n'est-ce pas?... Seigneur, vous parlez à un pauvre homme qui ne traite pas ainsi les questions d'honneur. Que savez-vous, d'ailleurs, si ce n'est pas avec un agent du pape que j'ai conclu le marché que vous voulez rompre?

LE MARQUIS, *vite.* C'est au pape que votre Sainte-Cécile est vendue?

ROLLA. De quel droit me le demandez-vous?

LE MARQUIS. De quel droit?... Allons, jeune homme, vous n'avez donc pas compris ce que je venais vous annoncer?.. Savez-vous que le grand-duc est disposé à vous donner le laurier d'or?

ROLLA. Je ne veux pas de la gloire au prix d'une trahison.

LE MARQUIS. D'une trahison?

ROLLA. Je m'emporte.

LE MARQUIS. Et moi, je me retiens.... c'est trop tarder... les désirs du grand-duc sont des ordres.

ROLLA. Des ordres!.... Pour ses sujets, peut-être... Mais je ne suis pas Florentin, moi... je suis de Gênes... je suis citoyen d'une république libre.

LE MARQUIS. Le grand-duc ne souffrira pas que Paul III fasse enrôler à son profit tous les artistes de l'Italie. C'est à Florence que votre statue a été faite, c'est à Florence qu'elle appartiendra.

ROLLA. Ah! par exemple, seigneur, je vous jure, par les cendres de ma mère, que cela ne sera pas!

LE MARQUIS, *bas.* Et quelle raison as-tu donc de refuser le triomphe? Est-ce au grand-duc ou bien au marquis Appiani que tu ne veux pas montrer ta statue?

ROLLA. Je ne vous comprends pas.

LE MARQUIS. Je puis me faire comprendre.

ROLLA. C'est une menace que vous me faites?

LE MARQUIS. C'est un soupçon qui me vient.

ROLLA. Eh bien! je vais m'expliquer alors, et nous verrons si vos conjectures s'accordent avec la réalité! Pourquoi je ne veux pas vendre ma statue au grand-duc? c'est qu'en moi l'homme passe avant l'artiste. Or, depuis que je suis à Florence, je n'entends partout que des lamentations et des anathèmes, et les pierres mêmes ont une voix contre le tyran. Oui, c'est un tyran. Il a tué la liberté florentine, à qui ses ancêtres doivent tout. Il a fait traîtreusement assassiner à Venise le noble Lorenzino, son cousin, le Brutus de votre patrie! il a voulu empoisonner Julien, fils d'Alexandre, un enfant de douze ans! En quatre ans de règne, il a fait tomber plus de quatre cents têtes! Votre grand-duc? tenez, je le hais et je le méprise, et je me couperais le poing plutôt que de travailler pour lui! Maintenant la raison de mes refus vous est connue; n'en cherchez pas d'autre, et allez rapporter à Côme de Médicis l'éloge que j'ai fait de lui devant son bâtard!

LE MARQUIS. Misérable!... mais avant de te punir, j'éclaircirai mes soupçons... Messieurs...

ROLLA. Ah! seigneur, que voulez-vous faire? pardonnez-moi. Je suis dans un accès de démence; vous le voyez bien. Que vous faut-il? que je tombe à vos genoux. M'y voilà. Grâce pour mon honneur! laissez-moi ma statue! ne m'enlevez pas ma statue!

LE MARQUIS, *jetant une bourse sur la table.* Voilà de l'or. Maintenant cette statue appartient au grand-duc; qu'on arrache ce voile!...

Il fait un signe à ses gardes, qui s'avancent vers l'estrade.

ROLLA. Frappe donc et assassine l'ouvrier sur les débris de son œuvre!.. (*Il court à l'estrade, prend son marteau sur les marches et passe derrière le rideau; on entend un cri de désespoir et de rage et un bruit de marbre qui se brise. Rolla reparaît. On voit la statue renversée de son piédestal et cassée en plusieurs morceaux. Il la montre au marquis avec un éclat de rire de bravade.*) Tiens! prends-la donc!... emporte-la maintenant!...

Il recule de quelques pas et tombe évanoui.

LE MARQUIS. Qu'a-t-il fait? qu'ai-je fait moi-même!... (*Il s'approche de l'estrade.*) Brisée! méconnaissable! quel incroyable accès de fureur! Il y a là-dessous un mystère que je n'ose approfondir!

Les gens du marquis ont relevé Rolla et lui donnent des soins.

UN DES GENS DU MARQUIS. Il revient à lui, monseigneur.

LE MARQUIS. Ah! je ne supporterais pas sa présence! Sortons! sortons!

Il sort en désordre avec sa suite.

SCENE XV.

ROLLA, *seul, revenant à lui.*

Léonor ! où suis-je ? Comme ma tête est lourde ! je viens de dormir, sans doute ? ah ! quels rêves affreux !

Pâle Masaccio, ton image m'est chère;
Qui m'a donné pour toi cet amour fraternel ?...
. . . .
Comme toi, jeune encor, je quitterai la vie...

Non, ce n'est pas cela. Qu'est-il donc arrivé ? je ne me souviens plus, je ne me reconnais plus. Est-ce que je rêve encore ? est-ce que je deviens fou ?

SCENE XVI.

ROLLA, STEFANO, *puis* MANOEL, ASCANIO, TEBALDEO.

STEFANO, *hors d'haleine et tout joyeux.* Ah ! Rolla, Rolla ! de bonnes nouvelles. Je viens de voir Michel-Ange ; je lui ai tout dit. Avec quel intérêt il m'a écouté ! Il m'a chargé de revenir près de toi, de te rassurer sur l'avenir de la Sainte-Cécile. Je ne sais ce qu'il médite, mais je sais qu'il est entré dans le cabinet du grand duc et qu'on y a déjà mandé le sénateur Andrea Costa. Espère.

Entrent Manoël, Tebaldeo, Ascanio.

TEBALDEO. Eh bien ! Rolla, le bruit se répand dans Florence que tu as fait un chef-d'œuvre et qu'on te donne le laurier d'or. Nous venons te féliciter.

ASCANIO. Et te remercier. La gloire de ton triomphe va rejaillir sur toute la famille.

MANOEL. « Je vous l'avais bien dit, messieurs, que Rolla parviendrait ! moi seul, je puis me vanter de n'avoir jamais douté de son génie !

ASCANIO. » C'est vous, Tebaldeo, qui troubliez mon jugement avec vos railleries éternelles !

TEBALDEO. » C'est vous qui me rompiez la tête avec vos sinistres prédictions de misère et de suicide !

MANOEL. » La paix, messieurs, la paix ! ne recriminons pas. Parle, Rolla ; nous sommes à tes ordres. Je viens t'offrir ma maison.

ASCANIO. » Moi, mon crédit.

TEBALDEO. » Moi, ma bourse. »

STEFANO. Mais qu'as-tu donc ? tu me regardes avec des yeux fixes ; tu me fais peur.

ROLLA. Qui sont ces hommes ?

STEFANO. Des amis infidèles au malheur et fidèles à la prospérité. Ils rougissaient d'être tes parens ; ils sont déjà devenus tes flatteurs.

ROLLA. Tu te trompes ; cache-moi ; sauve-moi. Ils viennent m'arrêter, Stefano. Ce sont des sbires.

STEFANO. Que dis-tu ?

TEBALDEO, *« aux deux autres.* Comme il nous regarde ! il ne nous parle pas, vous voyez. Sa gloire l'enivre : il n'aura plus rien de commun avec nous ni avec le reste des hommes ! »

ROLLA, *à Stefano.* Léonor, tu sais...

STEFANO. Eh bien ?

ROLLA. Elle est revenue... son front rayonnait... elle a levé sur moi son regard céleste et m'a dit : Viens ! viens !.. et moi, comme il fallait la cacher à tous les yeux, j'ai pris mon marteau ; je l'ai tuée !

STEFANO. Léonor ?

ROLLA. Oui, Léonor, sainte Cécile... je ne sais pas !... N'est-ce pas que c'est un grand crime ? Il fallait avoir pitié, n'est-ce pas ?... Elle était si belle !

Il conduit Stefano devant l'estrade; Stefano et les trois autres jettent un cri de douleur.

STEFANO. Ah ! je vois tout !.. ah ! mon frère !

ROLLA. Oui, pleure, pleure et abandonne-moi ! ma rage n'a rien respecté, tu le vois. Il y avait une statue sur sa tombe, et c'est encore moi qui l'ai détruite... vois-tu ce bras qui tenait une lyre ?... c'est Michel-Ange qui l'avait achevé !... ô cieux ! j'ai brisé une statue que Michel-Ange avait retouchée, et vous n'êtes pas tombés sur ma tête ; abîmes, vous ne vous êtes pas ouverts sous mes pieds ! Justice divine, réveille-toi ! mort à l'assassin ! mort au sacrilége !.. punis l'amant qui a tué sa maîtresse, le père qui a ôté la vie à son enfant !

Il retombe.

SCENE XVII.

STEFANO, ROLLA, ASCANIO, TEBALDEO, MANOEL, MICHEL-ANGE, *amenant* LEONOR ; ELÈVES DE MICHEL-ANGE, FEMMES DE LÉONOR, GRANDS et PEUPLE DE FLORENCE.

MICHEL-ANGE. Infortuné Rolla, qu'as-tu fait ? tu as brisé ta statue au moment où j'obtenais pour toi la main de ta maîtresse. Son père te la donne et sera rap-

pelé à Gênes... il en a la parole du grand-
duc et la mienne !... *

LÉONOR. O Rolla, je n'aurai jamais assez
d'amour pour te récompenser de ton sacrifice... Mais quel changement dans ses
traits ! quoi ! tu ne me reconnais pas ?...

MICHEL-ANGE. Reviens à toi ; tu as fait
une perte immense, mais non irréparable ;
tu es jeune, te voilà heureux : tu travail-
leras.

ROLLA. Michel-Ange... Léonor !..

MICHEL-ANGE. Ton ami.

LÉONOR. Ta femme.

ROLLA. Ah! je vous reconnais : vous êtes
le bonheur et la gloire !... pourquoi donc
arriver si tard ?

LÉONOR. Je ne te comprends pas.

STEFANO. Je le comprends, moi; le coup
qu'il a donné à sa statue a répondu là !

ROLLA. Léonor, Léonor, je suis bien
faible pour vous conduire à l'autel. Quelle
est cette foule qui est entrée à votre suite ?

MANOEL. C'est Florence qui vient rendre
hommage à ton génie et donner des larmes
à ton malheur.

ROLLA. Mon génie! tiens, voilà ce qu'il
en reste ! mon malheur est plus sûr ; Léonor était à moi et je vais mourir !

LÉONOR. Non, tu ne mourras pas ! Dieu
n'éteindra pas un flambeau qui doit jeter
une clarté si vive... Dieu ne fait rien qui
ne soit utile et juste...

ROLLA. Tu as raison... j'ai l'avenir, j'ai
la puissance... Michel-Ange s'est porté ga-
rant de mon génie... je ne peux pas, je ne
veux pas mourir ! et cependant mon sang se

* Stefano, Michel-Ange, Rolla, Léonor, Manoël,
Tebaldeo, Ascanio, etc.

refroidit, mon cerveau s'embarrasse... c'est
bien la mort !.. Anathème !.. anathème sur
le Dieu qui m'a créé et qui me tue! Il m'appelle devant son tribunal ? c'est moi qui
lui demanderai compte de ses inconceva-
bles décrets !... mais que dis-je, insensé !
je le blasphème et il m'envoie une fin si
douce !.... Stefano, tu n'es plus orphelin ;
voilà ton père ! Merci, merci ! Léonor, Michel-Ange, grands et peuple de Florence,
vous m'aurez fait une agonie splendide, et
je me serai saturé de gloire avant d'expirer !
(*On entend trois coups de canon.*) Quel est ce
bruit ?... (*Michel-Ange se détourne.*) C'est le
vainqueur qu'on proclame? Eh bien! qu'il
soit heureux !

Il meurt.

●●●●●●●●●●●●●●●●●●●●●●●●●●●●●●●●●●●●

SCENE XVIII.

LES MÊMES, UN ENVOYÉ DU GRAND-DUC *et*
DEUX PAGES, *dont l'un porte un coussin de
velours sur lequel est placé le laurier d'or.*

L'ENVOYÉ. Le grand-duc accorde le laurier d'or à Rolla, et lui donne une année
pour faire une autre statue.

LÉONOR, *couronnant Rolla.* Rolla, Rolla,
ranime-toi. C'est le laurier de Raphaël et
de Pétrarque !

MICHEL-ANGE. C'est le laurier de Vir-
gile ; il n'ombragera qu'un tombeau !

Tout le monde s'agenouille.

FIN.

IMPRIMERIE DE Vᵉ DONDEY-DUPRÉ, RUE SAINT-LOUIS, 46, AU MARAIS.